Consciencia plena

Navegue su día a día usando la nueva
ciencia de la salud y la felicidad

DESCRIPCIÓN DEL LIBRO

Somos lo que nuestra mente es. Esto ha sido una conclusión inequívoca desde tiempos inmemoriales. Sin embargo, el tema de nuestra mente nunca ha sido más relevante como ahora. Estamos experimentando varias situaciones que requieren fuerza mental para la supervivencia de la raza humana. Desafortunadamente, al igual que nuestros cuerpos, nuestra mente está amenazada por enfermedades mentales complejas.

La consciencia es uno de los remedios probados para tratar la enfermedad mental, que se está agudizando cada vez más con el paso del tiempo.

Este libro, "*Consciencia plena: Navegue su día a día usando la nueva ciencia de la salud y la felicidad.*" comienza introduciéndole en el tema de la consciencia plena, sus metas, razones, objetivos e importancia.

Enfocarse y concentrarse es la parte esencial de la consciencia. Este libro revela las estrategias clave para practicar la consciencia plena. También lo llevará a través de todo el proceso paso a paso de la práctica de la consciencia plena, de formas que podrá seguir e implementar fácilmente.

Muchas personas se han convertido en víctimas de la complejidad de la modernidad. En esta complejidad, nuestra mente ha sido bombardeada con creencias tóxicas que la corrompen. Como consecuencia, hay muchas personas que sufren enfermedades mentales. Los principales síntomas de las enfermedades mentales son el estrés y la preocupación; la ira y el dolor algunos de los efectos y consecuencias. Este libro revela los pasos prácticos sobre cómo usted puede sanar su mente para superar el estrés y la preocupación y, en consecuencia, controlar su ira y curarse a sí mismo.

La compasión es una de las mayores víctimas de la modernidad. La avaricia desenfrenada, caracterizada por una acumulación material excesiva, y mientras que otros apenas satisfacen su necesidad de supervivencia desnuda, son signos de la pérdida de compasión; esto es también otro síntoma de enfermedad mental. Para poder recuperar la compasión y así promover la paz, hay que curar la mente. En este libro se hace hincapié en la importancia de la compasión y se explica cómo la consciencia puede ayudarle a recuperarla.

Por último, pero no menos importante, la práctica hace a la perfección. La consciencia es una práctica de toda la vida. Para entrenar la mente, hay que cultivar los hábitos que le permitan practicar la consciencia en cada momento. Este libro revela los seis hábitos que necesitas cultivar para tener éxito en este esfuerzo diario.

Disfrute de su lectura.

REGALO INCLUIDO

Si usted es un empresario, aspira a serlo, o es alguien que está tratando de crear un flujo de ingresos adicionales, o incluso alguien que solo ama los libros de autoayuda, entonces tiene que leer mis recomendaciones sobre los 10 mejores libros de negocios de todos los tiempos. Estos son los libros que he leído y que han cambiado mi vida para mejor.

Los 10 mejores libros de negocios

SOBRE EL AUTOR

George Pain es un empresario, autor y consultor de negocios. Se especializa en la creación de negocios en línea desde cero, estrategias de ingresos de inversión y soluciones de movilidad global. Ha construido varios negocios desde cero y le entusiasma compartir sus conocimientos con los lectores. Aquí hay una lista de sus libros.

Libros de George Pain

DESCARGO DE RESPONSABILIDAD

Derechos de autor © 2017

Todos los derechos reservados.

Ninguna parte de este libro puede ser transmitida o reproducida en ninguna forma, incluyendo la impresa, electrónica, fotocopiada, escaneada, mecánica o grabada sin el permiso previo por escrito del autor.

Si bien el autor ha hecho todo lo posible por garantizar la exactitud del contenido escrito, se aconseja a todos los lectores que investiguen la información aquí mencionada por su cuenta y riesgo. El autor no se hace responsable de ningún daño personal o comercial causado por la información. Se alienta a todos los lectores a que busquen asesoramiento profesional cuando lo necesiten.

CONTENIDO

CONSCIENCIA PLENA

Consciencia plena 1

DESCRIPCIÓN DEL LIBRO 2

REGALO INCLUIDO 5

SOBRE EL AUTOR 6

DESCARGO DE RESPONSABILIDAD 7

CONTENIDO 8

INTRODUCCIÓN 10

¿QUÉ ES LA CONSCIENCIA PLENA? 12

CÓMO RECUPERAR EL ENFOQUE Y LA CONCENTRACIÓN . 24

GESTIONAR LA IRA Y EL DOLOR 37

LIDIAR CON EL ESTRÉS Y LA PREOCUPACIÓN 56

PROMOVER LA COMPASIÓN Y LA PAZ 62

SEIS HÁBITOS QUE CULTIVAR 71

CONCLUSIÓN 78

INTRODUCCIÓN

No hay mayor poder que el poder de la mente. Sin embargo, muchos de nosotros buscamos soluciones para lograr nuestras grandes aspiraciones. La falta de satisfacción, la paz y la felicidad son todas sensaciones internas. Son todos síntomas de enfermedad mental. Sin embargo, no encontrará un hospital en el que le prescriban una solución para la enfermedad mental. ¿Por qué? Simplemente porque se ocupan de las enfermedades del cuerpo, que, en cierta medida, podrían ser solo síntomas de la enfermedad de la mente.

En este libro, encontrará no solo la solución de la mente sino también la clave de esa solución. La solución está bien dentro suyo. Todo lo que necesita para acceder a esa llave se le proporciona en este libro. Sí, aprenderá a recuperar la concentración y el enfoque, a manejar la ira y el dolor y, en última instancia, ser capaz de lidiar con el estrés y la preocupación. Todos estos son los síntomas más comunes de las enfermedades mentales. Sin embargo, para tener una solución duradera, inevitablemente necesita promover la compasión y la paz. Toda persona que se ha medido alguna vez en grandeza -profeta, gurú, sabio, entre otros- tiene este atributo común: la compasión.

Practicar la consciencia debe volverse un hábito. Sin embargo, no todos los hábitos llevan a la consciencia. En este libro, aprenderá los seis hábitos que hay que cultivar para poder alcanzar la consciencia plena en todos y cada uno de los momentos.

Siga leyendo.

¿QUÉ ES LA CONSCIENCIA PLENA?

La mente siempre ha sido el código secreto para desenredar los mayores desafíos de la humanidad. Los grandes filósofos, profetas, sabios y gurús siempre han aludido al poder de la mente. Su grandeza vino de sus habilidades para entender este poder y utilizarlo para resolver los mayores desafíos de la humanidad de sus respectivos tiempos.

La consciencia sobre la mente ha fascinado a muchos. Con respecto a ella, hay varias escuelas de pensamiento. Sin embargo, la mayoría acuerda en que la mente determina en quiénes nos convertimos y cómo interactuamos con nosotros y nuestro entorno. La atención, siendo una actitud mental peculiar, se ha convertido en un componente inevitable de esta consciencia.

Entonces, ¿qué es la consciencia plena?

La consciencia plena es un estado de autoconsciencia de manera abierta, cuidadosa y consciente, libre de cualquier juicio.

El objetivo de la práctica de la consciencia plena

El objetivo de la práctica de la consciencia plena es experimentar la vida en el momento, en toda su extensión. Experimentar una vida en su plenitud significa;

- Vivir plenamente en el momento sin dedicar parte de este vivir ni al pasado ni al futuro.

- Ser consciente de la vida tal y como se vive, de tal manera que ninguna parte de ella se desperdicie (manteniendo los apegos al pasado o desarrollando apegos al futuro).

- Exponerse a experimentar plenamente el momento del ahora sin reservas indebidas.

- Experimentar cada momento sin adjuntar nuestra identidad a él. Cuando le atribuye su identidad al momento, esta se va al pasado con usted.

Los ingredientes clave de la consciencia plena

1. Ser libre para experimentar el momento del ahora.
2. Estar libre de juicio.
3. Estar libre de apego.

Ser libre en el ahora

Ser libre en el ahora significa simplemente que usted aplica la plenitud de su conciencia al momento del ahora. Ser libre para experimentar el momento del ahora asegura que no reparta parte de su consciencia a lo que pasó ayer. Del mismo modo, ser libre para el momento del ahora le permite no asignar parte de su consciencia a lo que debería suceder mañana. Ser libre y estar presente en el ahora, significa que no está controlado ni por el ayer ni por el mañana. Solo siendo libre para experimentar el momento puede estar completamente presente en el ahora. De lo contrario, estará parcialmente presente en el ahora, lo cual no es más que una condición de su optimismo.

Estar libre de juicio

Estar libre de juicios significa simplemente que no vincula sus opiniones a los acontecimientos del ahora, sino que actúa como un observador independiente de los acontecimientos sin perturbarlos con sus preferencias y prejuicios. Las opiniones, las preferencias y los prejuicios se basan en juicios que utilizan criterios de experiencias pasadas y, por lo tanto, ya están obsoletas y no pueden aplicarse al momento de frescura. Estos juicios son como plagas que empiezan a atacar la frescura del ahora, y, por lo tanto, la convierten en decadencias del ayer. Una vida vivida en plenitud es una vida vivida con la frescura de estar presente en el momento del ahora.

Estar libre de apego

Estar libre de ataduras es la mayor de todas las libertades. Estar libre de apegos no significa necesariamente que no esté apegado; sino que tiene poder sobre esos apegos de tal manera que no lo esclavizan. Los apegos pueden causarle dolor. Son como las anclas de una nave que ya se ha embarcado. El resultado es una lucha constante por seguir adelante sin experimentar ningún movimiento, salvo el estancamiento.

Estar libre de ataduras significa que su poder para atar y separar está totalmente bajo su control. Cuando se tiene el poder de apegarse sin un poder de separación, uno se convierte en un esclavo de los apegos. Un ejemplo de situaciones en las que usted se puede convertir en esclavo de los apegos son las adicciones. Otro escenario en el que pierde el poder de desprenderse es cuando todavía, por ejemplo, se aferra a una relación fallida de la que su consciencia le sigue diciendo que debe desprenderse. En esencia, usted es adicto a esa relación como lo sería a los cigarrillos, la cocaína, la heroína y todo tipo de drogas adictivas.

Los beneficios clave de la consciencia plena

La consciencia plena tiene beneficios ilimitados que atraviesan todas las esferas de la vida. Los principales beneficios son:

- La consciencia plena aumenta su nivel de consciencia.

- La consciencia plena le permite estar totalmente presente en el momento del ahora.

- La consciencia plena le permite aprender a distinguir entre usted y sus pensamientos.

- La consciencia plena le permite estar más conectado a su ser, a la naturaleza de los seres y a la naturaleza de las cosas.

- La consciencia plena le permite estar en armonía con su ser, la naturaleza de los seres y la naturaleza de las cosas.

- La consciencia plena permite desarrollar la autoaceptación, lo que produce autocontención y autocompasión.

- La consciencia plena le permite aprender que la vida es dinámica y que, por lo tanto, todo cambia, de manera que los pensamientos y sentimientos vienen y van.

- La consciencia plena le permite experimentar la calma y la tranquilidad.

- La consciencia plena le permite experimentar un mayor equilibrio en sus emociones y reacciones, permitiéndole así liberarse del caos de los picos y estallidos emocionales.

- La consciencia plena le permite ser consciente de lo que está tratando de evitar subconscientemente y así ser capaz de desenterrar y enfrentar sus miedos.

Exploraremos más estos beneficios a medida que aprendamos sobre la importancia de la consciencia plena en esferas específicas de la vida cotidiana.

Las razones principales por las que debería practicar la consciencia plena...

Las razones principales por las que debería practicar la consciencia son inmensas. Practicar la consciencia plena le permitirá;

- Cultivar la satisfacción.
- Construir la autoconfianza.
- Dominar la propia mente.
- Vivir el momento presente.
- Obtener el "poder de ser uno mismo".

Cultivar la satisfacción

La satisfacción es una condición que existe cuando se es plenamente consciente del presente. Es un despertar que ve la irrelevancia del ayer y el mañana para el disfrute del presente.

Construir la autoconfianza

Sin confianza en usted mismo, vivirá con miedo. El miedo se deriva de las experiencias pasadas que se aplican al presente y/o se extrapolan al futuro. La confianza en uno mismo es una condición que existe cuando uno se siente lo suficientemente preparado para experimentar plenamente el momento del ahora.

Domina la propia mente

Usted necesita dominar su mente. Sin la mente, la consciencia plena sería una tarea desalentadora. Sin la consciencia, la mente lo depondrá y se convertirá en su maestro.

Vive el momento presente

Vivir en el momento del ahora es liberarse de las dos cargas injustificadas: el "ayer" y el "mañana". Vivir en el momento del ahora lo convierte lo suficientemente ligero como para caminar en el presente mientras este se revela.

Obtener el "poder de ser uno mismo"

Su mente tiene un mapa que ha sido modelado por la cultura, las tradiciones y las experiencias pasadas, que no le permite la libertad de experimentar un camino inexplorado. En cambio, lo guía a transitar un camino ya predeterminado. Aun así, nunca podrá tener el "poder de usted mismo" si es dirigido por otras personas a través de un mapa mental creado por su cultura, tradiciones y enseñanzas. Tiene que liberarse de sus mapas mentales para experimentarlo.

Los objetivos clave de por qué debe practicar la consciencia plena

Los objetivos de la práctica de la consciencia plena varían de una persona a otra. Sin embargo, independientemente de su situación, los siguientes objetivos son los más importantes:

- Aumentar la consciencia de uno mismo.
- Elevarse por encima del control de la mente.
- Experimentar una vida plena,
- Ser feliz.

Importancia de la consciencia

La consciencia es importante para su bienestar general. Esto incluye su:

- Bienestar físico.
- Bienestar psicológico.
- Bienestar emocional.

La importancia de la consciencia plena en su bienestar físico

La consciencia le permite desarrollar una consciencia consciente de su cuerpo. Esto se logra mediante ser:

- Consciente de su respiración.
- Consciente de los latidos del corazón.

- Consciente de su postura y forma.
- Consciente de su alimentación.

Cómo ser consciente de su respiración puede mejorar su bienestar físico

Ser consciente de su respiración le permite respirar más profundamente y con mayor regularidad. Los estudios han demostrado que respirar más profundo ejercita el pecho. Además, le permite adquirir más oxígeno, y a medida que su pecho se expande, se amplía la superficie para la absorción del oxígeno que entra al torrente sanguíneo. La espiración profunda elimina el "aire" caducado que se ha quedado sin oxígeno y que contiene gérmenes no deseados en el pecho.

Cómo ser consciente de los latidos del corazón puede mejorar su bienestar físico

Su respiración ayuda a regular los latidos del corazón. Cuando se es consciente de los latidos del corazón, se puede regular la respiración para ayudar a conseguir los latidos deseados. Un latido lento es tan peligroso como un latido extremadamente alto. Si usted fuera consciente de que sus latidos son demasiado bajos, probablemente daría un paseo más rápido o correría para aumentarlos. En caso de que se dé cuenta de que son extremadamente altos, haría algo para relajarse.

La detección de latidos anormales frecuentes también le permitiría buscar consciencia médica con suficiente antelación. Esto puede ayudarle a revertir la aparición de enfermedades cardíacas como la hipertensión.

Cómo ser consciente de su postura y forma puede mejorar su bienestar físico

Ser consciente de su cuerpo le permite detectar hasta las más mínimas molestias en su postura. Se sabe que la mala postura contribuye a muchos dolores de cuerpo, como el dolor de espalda, cuello, articulaciones, cabeza, entumecimiento de las extremidades y mala circulación sanguínea (incluyendo la coagulación de la sangre hasta límites extremos).

Una mala postura no permite que su mente esté serena, y puede causar tensiones emocionales. La mala postura lleva a una deformación del cuerpo, como una flexión antinatural de la espalda, por ejemplo. La consciencia le permitirá ajustar su cuerpo a su comodidad natural, evitando así muchas complicaciones físicas. La consciencia también puede incitarlo a hacer ejercicios para aliviar la tensión de los músculos del cuerpo.

Cómo ser consciente de su alimentación puede mejorar su bienestar físico

Estudios afirman que alrededor del 70% de las enfermedades son causadas por una mala alimentación. Ser consciente de lo que consume le permitiría conocer las consecuencias del tipo de comida con el que se alimenta. En ese caso, por ejemplo, usted podría ver que consume más azúcar que lo que su cuerpo necesita, utiliza sal en exceso; ingiere mucha grasa, comida poco nutritiva, y que su alimentación no es equilibrada.

Además, tener una alimentación apropiada es solo una cara de la moneda. La digestión y la absorción en el cuerpo es la otra cara crucial que no se puede ignorar. Estudios han indicado que consumir alimentos subconscientemente podría resultar en indigestión, trastornos estomacales y mala absorción. Para que los alimentos seas digeridos y absorbidos correctamente, su cerebro tiene que activar ciertas hormonas para liberar los químicos necesarios para que sucedan la digestión y la absorción. Como la mente es su subconsciente, no se puede optimizar tal desencadenante.

La importancia de la consciencia plena para su bienestar psicológico

El bienestar psicológico se logra cuando la consciencia y autoestima se optimizan hasta tal punto que se puede experimentar la libertad y la realización. Es experimentando la libertad y la realización cuando uno se siente feliz.

La importancia de la consciencia plena para su bienestar emocional

Su bienestar emocional depende de factores fisiológicos y psicológicos. Se sabe que la falta de bienestar físico debido a la ausencia de ejercicio puede desencadenar un estado de depresión. Del mismo modo, se sabe que la falta de autoestima también contribuye a la depresión, que se manifiesta en el abandono de uno mismo, la autocompasión y las tendencias suicidas.

CÓMO RECUPERAR EL ENFOQUE Y LA CONCENTRACIÓN

La consciencia se trata de recuperar su enfoque y aumentar su concentración para mantenerse en el momento actual.

Entender de qué se trata la consciencia es el primer hito en el camino de la consciencia. Entender por qué debe practicar la consciencia plena es el segundo. El tercero es saber cómo practicar la consciencia plena.

La forma de practicar la consciencia plena implica tres niveles clave:

- Estrategias.

- Procesos y procedimientos.

- Ejercicios.

Las estrategias clave para la práctica de la consciencia plena

Las siguientes son las estrategias clave para practicar la consciencia plena:

1. Evitar la ansiedad.
2. Concentrar su consciencia en el ahora.
3. Aumentar su poder de conectar y desconectar.
4. No juzgar.

Las etapas clave en el proceso de la práctica de la consciencia plena

La siguiente declaración representa una secuencia de eventos en forma analógica que explica el proceso de practicar la consciencia plena.

¿LLUEVE? ¡DETÉNGASE! Descanse, medite.

Las etapas clave en el proceso de la práctica de la consciencia plena son:

- ¿LLUEVE?
- ¡DETÉNGASE!
- Descanse
- Medite

LLUVIA

La etapa de la lluvia tiene varios pasos que van en conjunto con las palabras que forman el acrónimo R.A.I.N.

- Reconocer

- **<u>Aceptar</u>**
- Investigar
- No identificarse

Reconocer

Necesita reconocer el surgimiento de una emoción fuerte. Al reconocer la presencia de una fuerte emoción, entonces se encuentra en el momento de embarcarse en la siguiente etapa.

Aceptar

Después de reconocer la presencia de una emoción fuerte, acepte su existencia. Acéptelo como un flujo de energía dentro suyo. Como un océano, abraza esa fuerte emoción como una ola que se aproxima y como cualquier otra ola, se deja pasar sin buscar confrontarla o montarla.

Investigar

Una vez que reconozca la existencia de la ola de fuertes emociones, investigue su fuente. ¿Qué ha causado esta fuerte emoción? Analizándola como una ola en el océano, se dará cuenta de que cada ola tiene su propia causa; podría ser un choque sísmico en el fondo del océano, una erupción volcánica, un fuerte viento, entre otros. Investigando la emoción, usted cava profundamente en la fuente subyacente para desenterrarla. Los pasos clave del proceso de investigación son:

- **Observar**: Observar sin adjuntar su identidad a la ocurrencia.

- **Explorar**: Explorar la ocurrencia sin perturbarla.

- **Aprender**: Recopilar información y derivar lecciones de su exploración sin adjuntar a ella sus opiniones e identidad.

- **Comprender:** Comprender las lecciones aprendidas durante la exploración.

- **Apreciar**: Apreciar que, en efecto, la ocurrencia fue necesaria para aprender.

- **Aceptar**: Aceptar que los eventos tenían que ocurrir de la manera en que ocurrieron sin recurrir a la necesidad de culparse o ejercer juicios.

- Respeto: Respetar los pasos que ha dado hasta ahora y a usted mismo para tratarlos de forma concluyente.

No identificarse

No identificarse hace referencia a ser neutral ante los acontecimientos. Así como observa una ola moverse en el océano y se da cuenta de su belleza, y aun así sigue con su vida, aprecie su fuerte emoción de la misma manera, y déjela pasar sin identificarse con ella.

STOP

Al igual que RAIN, STOP también es un acrónimo que significa:

- **Detener** (lo que está haciendo).
- Tomar (un respiro).
- Observar (sus pensamientos, sentimientos y emociones).
- **Proceder** (a lo que deba hacer ahora).

Dejar de hacer lo que se está haciendo

Stop es una palabra poderosa en la consciencia. Ser capaz de parar cuando se debe es, en realidad, estar a cargo de su propia mente. Cuando la mente comience a vagar hacia el pasado, deje de moverse con ella. La mejor manera de dejar de hacerlo es tomar un respiro. Obviamente, ya está respirando; intente inspirar profundamente con plena consciencia.

Tomar un respiro

Respirar profundamente es importante; es reconocer que se ha estado corriendo con la mente y que se ha llegado a la línea de meta. La mente es como el viento y no se puede tener control sobre ella. Deje que ella se mueva más allá de la línea de meta mientras usted se detiene para comprometerse con su autoconsciencia.

Observar los pensamientos, sentimientos y emociones

Al observar sus pensamientos, usted es capaz de actuar independientemente de ellos. Lo mismo ocurre con las emociones. Al observarlas, no se identificará con su mente, sino que buscará mirarla independientemente. Mediante esta observación, puede reunir el valor para desprenderse de ella y proceder a hacer otra cosa que esté en el presente.

Proceder

Proceda a otra cosa que lo distraiga en el momento. Si tiene sentimientos de tristeza, llame a un amigo. Hable con él. Su amigo podría ser el antídoto para estas emociones negativas.

Descansar, relajarse

La relajación es el precursor de la meditación, aunque también puede tener lugar después de meditar.

Meditar

La meditación es el proceso de volver a un estado de ser por el cual se optimiza la autoconsciencia. Cuando medite, será capaz de dejar de seguir los mapas arraigados en su mente para poder llevar a cabo las rutinas diarias. Con la meditación, será capaz de reconectarse con su ser interior y reflexionar desde dentro.

Ejercicios de consciencia plena para ayudar a recuperar la concentración y el enfoque

Los siguientes ejercicios son importantes para desarrollar la consciencia plena o *Mindfulness*. No responden a ningún orden en particular, sino a ayudarle a recuperar la concentración y la consciencia.

Ejercicio 1: Un sonido particular del ruido.

Si se encuentra en un ambiente ruidoso, puede elegir un sonido en particular al que prestarle consciencia. Podría activarlo usted mismo, como el zumbido de su reloj, por ejemplo. Alternativamente, si hay un sonido persistente como el de un pájaro, una rana o una gallina, o cualquier otro sonido persistente, téngalo en cuenta. No obstante, el mejor sonido es el que proviene de una fuente natural.

Pasos:

1. Siéntese cómodo y tranquilo.

2. Cierre los ojos, si lo siente necesario.

3. Seleccione el sonido particular en el que quiere enforcarse.

4. Escúchelo.

5. Sienta su tempo, su madera y resonancia.

6. Solo sienta sus ondas vibrar a través de su cuerpo.

7. Sienta cómo responde su cuerpo y el mensaje que descifra.

Durante el proceso, deje que los pensamientos provocados por el ruido (sonidos no deseados) pasen y se vayan. Reconózcalos, pero no les dé ningún significado.

Ejercicio 2: Observe los latidos de su corazón.

1. Siéntese en una posición cómoda y serena.

2. Relaje los músculos del cuerpo, y más aún los del pecho.

3. Sienta los latidos de su corazón.

4. Concéntrese en el latido de su corazón. Empiece a contar los latidos por un tiempo; tal vez hasta 60 latidos, solo para ayudar a su mente a concentrarse en el corazón.

5. Una vez que la mente se centre en los latidos del corazón, deje de contar y siga sintiendo los latidos.

Deje que los pensamientos arrasen: vienen y van. No les dé importancia. Solo reconózcalos como lo que son, pensamientos, y déjelos ir.

Ejercicio 3: Enfoque su mente en el sabor del alimento que come.

1. Prepárese o compre una comida deliciosa.

2. Siéntese cómodamente y relájese un momento.

3. Lleve la comida a la boca en pequeños trozos.

4. Mastique mientras maximiza su consciencia a cómo sabe.

5. Sienta los diferentes sabores del trozo de alimento que está masticando.

6. Trágatelo después de masticar lo suficiente,

7. Asegúrese de que pasar completamente el trozo que tiene en la boca antes de tomar otro.

8. Repita los pasos (3) a (7) hasta que haya tenido suficiente.

Mientras coma, manténgase alejado de la música, televisión, conversaciones y otras distracciones. La atención debe centrarse en la comida. Dese cuenta de la importancia de la comida para su naturaleza de ser. Descubra cómo esta actividad es la segunda más sagrada de todas las actividades (por supuesto, después de la neumática - la respiración). Solo entregue sus pensamientos a ella durante al momento de comer. Nada es más sagrado que el aire que respira y la comida que ingiere, ¡nada!

Ejercicio 4: Observe su respiración.

1. Siéntese en una posición cómoda y serena.

2. Observe sus inhalaciones y exhalaciones.

3. Sienta el flujo de aire que entra por sus vías aéreas.
4. Sienta al aire golpear las paredes nasales y la faringe.
5. Sienta el flujo de aire hacia la parte más profunda de la inhalación.
6. Sienta cómo se apaga el aire.
7. Siéntalo llegar al momento más débil, el de su salida.

Mientras observa su respiración, los pensamientos pueden ir y venir. No les preste mucha atención. Deje que se vayan como vinieron. Como un aire claro, inodoro, sin forma e ilimitado, deje que su mente sea.

Ejercicio 5: Centre la mente en un aroma/olor en particular.

Consiga un aroma orgánico saludable que reconozca. Puede utilizar un aroma de un aceites esencial.

Pasos:

1. Siéntese en una posición cómoda y relajada.
2. Abra un frasco de perfume y póngalo delante suyo.
3. Cierre los ojos.
4. Una vez que sienta el olor, haga una inhalación profunda y lenta.
5. Deje que fluya dentro de su entorno.

6. Siéntalo entrar en sus fosas nasales y cómo se extiende a través de sus nervios hacia el cerebro y al corazón.

7. Sienta cómo se apodera del resto de su cuerpo.

8. Sienta su magia relajante en los músculos.

Ejercicio 6: Cambie a su vista interior.

Puede optar por cerrar los ojos.

Pasos:

1. Utilizando su vista interior, mire hacia la corona de su cabeza.

2. Escanee a través de su cráneo, como si sus ojos internos fueran una especie de antorcha de luz.

3. Escanee el cerebro, y baje por las fosas nasales y por la boca hasta la garganta.

4. Extienda el escáner desde un hombro por todo el brazo, hasta los dedos de la otra mano, y luego hacia atrás hasta el hombro y hacia el pecho.

5. Escanee hacia el interior del corazón.

6. Baje hasta el hígado y luego llegue al estómago.

7. Escanee los riñones.

8. Escanee el hueso pélvico.

9. Baje explorando por un miembro inferior y a través del muslo hacia abajo, pasando por la rodilla y luego proceda al pie, pasando por el tobillo.
10. Salga por los dedos de los pies y entre en el otro miembro inferior a través de la base, y repita lo mismo, pero en dirección inversa hasta llegar de nuevo a la pelvis.
11. Suba con el escáner desde la pelvis hasta la médula espinal.
12. Desde la médula espinal, siga por las vértebras hasta el cráneo a través de los huesos, y llegue de vuelta a los ojos.

En este proceso, reconozca los pensamientos que fluyen, y si vienen, déjelos ser - simplemente pensamientos. Despréndase de ellos.

Ejercicio 7: Sienta el tacto de su amada mascota (también puede ser su pareja).

1. Sostenga a su amada mascota.
2. Si es un gato o un perro, haga como si sostuviera a un bebé que quiere dormir.
3. Sienta su piel, sienta su calor.
4. Sienta su aliento.
5. Sienta sus latidos y las vibraciones del flujo sanguíneo.
6. Observe cómo se entrega a usted en paz y serenidad. Sienta lo mismo correr dentro suyo.

7. Sienta sus almas sincronizadas en esta paz, calma y serenidad.

Deje de lado todos los pensamientos. Déjelos pasar tal como vienen. Solo enfóquese en la paz, calma y serenidad que está experimentando actualmente. Aprecie que las relaciones pueden, a veces, ser sanadas simplemente estando en calma, en paz y alejándose de los pensamientos sobre ellas.

GESTIONAR LA IRA Y EL DOLOR

La ira y el dolor (no el daño físico) son los dos síntomas comunes de los desafíos emocionales. Son las consecuencias de las emociones negativas. Algunas de ellas pueden tener una justificación, mientras que otras no. Sin embargo, permitirles consumir incontrolable o abrumadoramente nuestro ser no es saludable.

Los siguientes pasos son clave para comenzar a gestionar la ira y el dolor:

1. Tomar una decisión audaz.
2. Tomar el control de la situación.
3. Hacerse cargo de las emociones.
4. Concentrarse.
5. Involucrarse con la asociación adecuada.
6. Darle un sentido a la vida.

Tomar una decisión audaz

La vida se trata de elecciones. A cada momento hay una elección que hacer: levantarse, respirar, comer, ir a trabajar, a estudiar, entre tantas otras, son decisiones. Olvídese del error común: "no tengo elección". No hay ninguna situación en la que no tenga elección. Toda situación tiene opciones. Tal vez no sean tan atractivas o deseadas; sin embargo, hay una elección que hacer. Sin opciones, no hay vida. Aun así, cada elección tiene una consecuencia.

Hay ciertos ingredientes clave que caracterizan una elección:

- Intención
- Marco temporal
- Esfuerzo

Intención

No hay elección sin una intención o propósito. ¿Cuál es su intención al hacer cierta elección? Eso determina el valor que ha decidido asignarle a su elección. Por ejemplo, usted puede elegir salir del luto interminable por un ser querido o sumergirte en la profundidad del luto, cavando más y más cada día hasta que perder el rumbo de su vida. A la inversa, puede decidir que lo pasado, pasado está. No se tiene control sobre lo que pasó. No se puede cambiar el pasado, y, por lo tanto, puede decidir salir, recordarse a uno mismo y estar listo para enfrentar el futuro, y ser consciente del presente que el momento del ahora le está regalando. Por lo tanto, su intención determina la medida del dolor que aqueja su vida.

Marco temporal

Cada elección debe hacerse dentro de cierto plazo, no solo de tiempo. El tiempo es ilimitado. Solo el "marco" que ha recortado es limitado. Para que una decisión sea considerada como tal, debe tener un marco de tiempo dentro del cual debe ser implementada. Por ejemplo, ¿cuándo quiere terminar con el divorcio? ¿Y superar la muerte de un ser querido? Puede elegir posponerlo mientras espera que el evento suceda milagrosamente por sí solo, o puede tomar una decisión audaz para superarlo ahora mismo, ¡en este momento tan presente! La vida sigue doliendo en el momento en que entrega una mala situación a la postergación.

Esfuerzo

El esfuerzo es la energía en acción impulsada hacia el logro de una determinada intención específica. La energía que no es impulsada hacia un determinado propósito no es esfuerzo, sino energía desperdiciada. Siempre que haya esfuerzo, será impulsado hacia la fuerza contraria: la inercia. Solo después de que haya suficiente fuerza para superar la inercia es cuando las cosas empiezan a pasar de ser potenciales a ser cinéticas (con energía en acción). Sí, su mundo comienza a moverse en el momento en que usted supera la inercia (la postergación, quedarse en el pasado, explorar el dolor, etc.). Lo mismo se aplica al dolor. La vida duele mientras no se haga un esfuerzo para alejarse de una situación dolorosa.

Entonces, ¿qué es una decisión audaz?

Una decisión audaz es aquella en la que los diversos elementos de su elección están totalmente optimizados. Sí, se optimiza cuando la intención es la más suprema de todas (con el mayor costo de oportunidad posible); cuando el plazo es de máxima prioridad y el esfuerzo está totalmente dedicado.

Tomar el control de la situación

Hay cosas que están bajo nuestro control y otras que no podemos controlar, como el clima. La gente con problemas de salud mental a menudo gasta mucho tiempo y energía en cosas sobre las que no tienen control. Tenga en cuenta la cantidad de tiempo que pasa pensando en cosas que no puede cambiar o que no lo ayudan. Por ejemplo, si se siente enfadado o triste por cosas que le han sucedido en el pasado, está centrándose en algo que no puede cambiar. El pasado está en el pasado, y no puede cambiarlo. La energía gastada en el pasado es energía desperdiciada.

Muchas veces pasamos una gran parte de nuestras vidas tratando de mover enormes montañas, cuando probablemente lo que requerimos es simplemente reconocer y admirar su singularidad. Solo necesitábamos dar un paso para escalarlas, ver lo que se esconde más allá de ellas y apreciar la vista panorámica de esa novedad que necesitábamos descubrir.

Usted es el mundo sin el cual no puede existir. Cambie usted mismo, y cambiará el mundo. Todo comienza con su mentalidad. El mayor determinante de lo que puede cambiar o no es su fuerza de voluntad. Esta fuerza de voluntad es alimentada por un propulsor muy poderoso: su ACTITUD. Su actitud determina su fuerza de voluntad. Sin embargo, ambas son productos de su propia mentalidad.

¿Cuáles son las cosas que no puede cambiar?

No puede cambiar:

- **Su pasado**: El pasado sucedió y no puede ser cambiado. Lo que importa son las lecciones que aprendió. No se apegue a los sucesos del pasado, aprenda las lecciones puras para aplicarlo en el futuro.
- **Su futuro:** Su futuro aún no existe. No está seguro de que lo vivirá. Por lo tanto, está bien planearlo, pero no deje que le quite las alegrías del momento. No deje que le quite más que una parte justa de lo que el futuro se merece.
- **La percepción de la gente sobre usted**: Mientras no esté solo, siempre habrá una percepción de la gente sobre usted. No hay nada que pueda hacer para cambiar la percepción de la gente, pero puede hacer para cambiarse a usted mismo.

¿Qué es lo que sí puede cambiar?

- **Su actitud**: Su actitud lo impulsa. Es la llave de encendido de su fuerza de voluntad.

- **Su fuerza de voluntad**: Su fuerza de voluntad es la energía cinética que lo impulsa a tomar las decisiones adecuadas para cambiar. Asegúrese de que llenarse de ella.

- **Su autopercepción**: Su autopercepción es un reflejo de quien cree que es. A veces, la imagen de uno mismo puede ser verdadera o falsa. Necesita una verdadera imagen de usted mismo para descubrir su verdadero ser, propósito y aspiraciones.

Hacerse cargo de las emociones

Aparte de los daños físicos, el daño emocional es uno de los dolores más comunes en la vida. De hecho, más personas experimentan dolor emocional que dolor físico. El dolor más duradero rara vez es físico, sino emocional.

Es bastante obvio que todo el mundo ha experimentado emociones de una u otra manera, en un grado variable. Al igual que el amor, la emoción es una de esas áreas que, aunque su experiencia es fácil de contar, no existe una definición exacta universalmente acordada.

Para poder hacerse cargo de sus emociones, el paso más fundamental es comprender cuáles son, cuál es su propósito, cómo se producen y cómo se pueden aplicar inteligentemente para adaptarse a diferentes situaciones.

¿Qué es la emoción?

La emoción es un estado psicológico caracterizado por la interacción de los siguientes componentes clave: la experiencia del sujeto, la acción psicológica y la acción conductual.

Experiencia subjetiva (cómo se experimenta la emoción): Experimentar las emociones es altamente subjetivo, y depende de los antecedentes, la cultura o el entorno de cada uno. Sin embargo, las siguientes son etiquetas subjetivas comunes: "enojado", "triste", "molesto", "alegre", "feliz", etc. Son relativamente universales, aunque su intensidad varía de una persona a otra.

Respuesta fisiológica (cómo el cuerpo reacciona a la emoción): Palpitación del corazón por el miedo y sacudidas estomacales por la ansiedad son algunas de las reacciones fisiológicas. Palmas de las manos sudorosas, latidos del corazón y respiración rápida son algunas de las respuestas físicas más comunes que ocurren durante un encuentro emocional.

Respuesta de comportamiento (cómo es el comportamiento en respuesta a la emoción): Esta es la parte de la acción., la expresión real de la emoción. Las expresiones comunes incluyen la sonrisa para indicar placer, felicidad, alegría o satisfacción; el ceño fruncido para indicar desagrado o tristeza. La inteligencia emocional permite interpretar apropiadamente estas respuestas de comportamiento.

¿Cómo se producen las emociones?

Las emociones se crean o se desencadenan en el cerebro. Por lo tanto, son una función del cerebro; lo que afecta o influye en él tiene la capacidad de afectar o influir en nuestras emociones. Esto es muy importante, ya que nos ayuda a entender que podemos desarrollar y mejorar la inteligencia emocional trabajando los circuitos neuronales cerebrales y, por supuesto, la mentalidad.

Inteligencia emocional

La inteligencia emocional es la capacidad de los seres humanos de reconocer sus propias emociones y las de los demás, de diferenciar entre los distintos sentimientos y etiquetarlos adecuadamente, de aplicar las emociones para guiar el pensamiento y el comportamiento, y de gestionarlas o modificarlas para alcanzar objetivos o adaptarlas a un entorno existente.

Según Daniel Goleman, experto en inteligencia emocional, hay cinco competencias básicas de la inteligencia emocional:

- **Consciencia de uno mismo**: Es la capacidad de conocerse a uno mismo, incluyendo las emociones, debilidades, fortalezas, objetivos, valores básicos, impulso. Se reconoce también su impacto en los demás para tomar las decisiones apropiadas para lograr una intención deseada.

- **Autorregulación**: Se refiere a controlar las emociones e impulsos perturbadores y redirigirlos para adaptarlos a las circunstancias cambiantes.

- **Habilidad social**: Es un conjunto de habilidades que permite manejar las relaciones y llevar a las personas en una dirección para lograr un resultado deseado.

- **Empatía**: Es la habilidad de poner en consideración los sentimientos de otras personas y de tenerlos en cuenta como parte del proceso de toma de decisiones.

- **Motivación**: Es la capacidad de conducirse hacia el logro de ciertos objetivos.

Cómo aumentar la inteligencia emocional

Las cinco competencias nos informan de las áreas clave a mejorar para potenciar la inteligencia emocional. Asegurarse de que cada una de estas competencias clave se optimiza es la mejor manera de impulsar su inteligencia emocional.

A continuación, se presentan algunas de las formas de potenciar cada una de estas competencias básicas:

- **Aumentar la consciencia de uno mismo**: Puede impulsar la autoconsciencia a través de la meditación y de la consciencia plena.

- **Mejorar la autorregulación**: La autorregulación se trata de poder de hacerse cargo de sus emociones. Esto tiene mucho que ver con su fuerza de voluntad, así que tiene que aumentar su fuerza de voluntad también.

- **Construir habilidades sociales más fuertes**: Se pueden construir habilidades sociales más fuertes si se involucra a la asociación correcta a través de actividades sociales y esfuerzos de construcción de equipo.

- **Profundizar la empatía**: La mejor manera de profundizar la empatía es practicando la compasión, tanto la autocompasión como la compasión hacia los demás.

- **Aumentar la motivación**: La motivación se puede aumentar desafiándose a usted mismo a tomar decisiones audaces, tomando el control de una situación y concentrándose.

La importancia de la inteligencia emocional y la fuerza de voluntad en el proceso de sanación de una herida.

Tanto la inteligencia emocional como la fuerza de voluntad son una función de la mente. Hemos visto cómo las emociones son el tipo de dolor que causa el dolor más duradero. Muchas veces, estamos emocionalmente heridos no por las intenciones deliberadas de nuestros seres queridos, sino por nuestra mala interpretación y comprensión de sus expresiones emocionales y comportamientos. De hecho, la mayor y más significativa parte de los dolores emocionales se deben a nuestras propias malas interpretaciones y malentendidos. La inteligencia emocional nos ayuda a evitar estos malentendidos y malinterpretaciones, reduciendo así significativamente las fuentes de nuestros dolores emocionales. Con la inteligencia emocional, podemos disminuir las incidencias y mitigar los daños a nuestras emociones.

Con la fuerza de voluntad, podemos ser capaces de tomar decisiones valientes e informadas con respecto a lo que hemos aprendido a través de nuestra inteligencia emocional. Una decisión audaz sería, por ejemplo, salir de una relación que ya no cumple sus expectativas; podría ser una decisión audaz aceptar que su ser querido ha seguido adelante y ya no es defendible seguir esperando que cambie de opinión y sentirse incluso más herido en el proceso.

Sí, con una gran inteligencia emocional y una fuerte fuerza de voluntad, usted puede hacerse cargo de sus emociones y recorrer el largo camino de sanar su vida.

Enfocarse

La concentración es un fenómeno mental. Cuando usted está mentalmente perturbado, lleno de preocupaciones, ansiedad, estrés e incluso depresión, hay un montón de pensamientos que arrasan su mente de tal manera que no puede concentrarse en un pensamiento específico que es de importancia para sus necesidades actuales.

Por lo tanto, la mejor manera de estar enfocado es despejar la mente de estos pensamientos arrasadores. Una mente libre es una mente enfocada. Sin embargo, para tener libre la mente, no debe estar atada al pasado ni catapultada al futuro. Debe ser libre para el presente sin envolverse en el momento del ahora.

Involucrarse con las personas adecuadas

Los humanos somos seres sociales. Sin interacciones sociales, el valor de un ser humano se reduce a cero. Es por eso por lo que la mayoría de las personas solitarias tienen tantos pensamientos suicidas, e incluso algunos se comprometen con estos pensamientos. Sin otros, no se puede ser. Por lo tanto, para ser una mejor versión de usted mismo, para convertirse en todo lo que quiere ser, debe relacionarse con las personas adecuadas. La grandeza de una persona es la asociación que conlleva. Esto es evidentemente cierto en los negocios, en la profesión, en la política y en todas las facultades de la vida.

Por lo tanto, hacer la asociación correcta es experimentar las alegrías de la vida.; hacer la asociación equivocada es experimentar las heridas de la vida. ¡La elección es suya! Hágase feliz.

Existe esa clase de repulsión natural que ocurre cuando se trata de entablar amistad con una persona que no está interesada. Hacerse amigo de alguien es una selección natural tan sutil que depende mucho de su ser interior. Depende mucho más de su inteligencia emocional que de cualquier otra cosa; es, más que nada, un sentimiento visceral. Cuando intenta forzar una amistad que no existe o no debería existir, la vida inevitablemente le sienta mal. Cuando se permita experimentar la espontaneidad de la amistad tal y como surge, se sentirá vida feliz y alegre.

Sin embargo, los amigos no son solo para la interacción. Los amigos lo moldean y en el proceso usted los moldea a ellos. Por eso es fácil conocer y entender a alguien analizando a sus amigos y compañías. Así que, si quiere que se lo juzgue bien, entonces, ¡mantenga las relaciones correctas! Para llegar a ser una mejor versión, alegre, feliz, mantenga la compañía correcta y seguramente la vida no le dolerá.

Sus asociaciones se convierten en su estilo de vida. Sin asociaciones, ¡no hay estilo de vida! Por lo tanto, si hay cierto tipo de estilo de vida que usted admira o aspira a tener, busque asociarse con las personas que ya lo están viviendo. Trabaje en ello. Esta es la gran riqueza que puede adquirir. Todas las demás formas de riqueza se ajustarán en esta última instancia.

No puede forjar sus asociaciones, así como no puede forjar una amistad. Esto solo puede venir de su deseo interior; debe ser cultivado por los esfuerzos de su inteligencia emocional. Sus asociaciones son como subir unas escaleras. Tener escaleras no le garantiza llegar a la cima; solo le proporcionará el camino y el medio. Depende de usted tomar la acción de subir hasta la cima. Depende de usted esforzarse para continuar subiendo, descansar si es necesario, pero sin rendirse a mitad de camino. Todo depende de su voluntad y poder, la fuerza de voluntad.

Sus relaciones son una gran inversión; probablemente la inversión más rica que pueda tener. Como cualquier otro inversor astuto, no quiere mantener las inversiones muertas. Las inversiones que consumen más de lo que aportan no valen la pena. Revise sus relaciones, y aquellas que, como las ramas que ya no dan frutos, elimínelas para que las que dan frutos puedan ser más saludables.

Las personas negativas son como techos muy bajos que le impiden pararte. Afectan a su autoestima y autoconfianza, autovaloración y autoactualización. Son un desastre para su bienestar. Cuanto antes los aleje, mejor estará en el camino de optimizar su potencial para convertirse en todo lo que siempre ha soñado ser.

La vida duele cuando se está limitado. Las frustraciones son simplemente energía de un potencial que no se ha permitido realizar.

Si realmente quiere cambiar la forma en que se ha encontrado, entonces, busque a los que harán el cambio en sus relaciones. Sí, gente que le muestre una perspectiva diferente de la vida; gente que vea las oportunidades donde solo ve problemas; gente que esté dispuesta a tomarlo de la mano y ayudarlo a dar un gran salto sobre un obstáculo; gente que esté lista y dispuesta a moverse una milla más solo para asegurarse de que no se equivoque. ¡Esos son los creadores del cambio que necesita! La vida dejará de doler cuando abrace a esas personas.

Consejos para crear asociaciones correctas:

- Identifique **lo que** quiere de esa asociación.

- Identifique **por qué** necesita lo que quiere en esa asociación.

- Averigüe **dónde** conseguir la gente adecuada.

- Determine **cuándo reunirse con** esa gente.

- Establezca **cómo conseguir entablar un vínculo con** esa gente.

Darle un sentido a la vida

La vida es tan simple, la vida es tan básica... Sin embargo, muchos de nosotros la desperdiciamos persiguiendo destellos más allá del horizonte. ¿Tenemos tiempo para caminar descalzos sobre la hierba y sentir su efecto bajo nuestros pies? ¿Tenemos tiempo para ver las maravillas de una cascada y no pensar en nuestro trabajo, negocios, en el ayer y el mañana? El mayor de los milagros no ocurre en las grandes cosas, sino en las pequeñas cosas que pasamos por alto. Solo hay que ver a las hormigas haciendo su camino, vigilando y transportando comida a su nuevo reino. Tan ciegas como son, probablemente hacen más milagros que los que logramos en las fábricas de bramidos.

El verdadero significado de la vida no está en las grandes cosas, sino en las pequeñas cosas que tan a menudo damos por sentado. La vida duele cuando damos por sentado las cosas pequeñas, como sentarse tranquilo y respirar profundamente; jugar solo para divertirse; cuidar un pequeño jardín, ya sea en el patio o en la olla de la casa; pasar tiempo buscando ingredientes limpios, naturales y orgánicos para la comida; jugar con su adorable mascota; tener tiempo para jugar con los niños; visitar y pasar tiempo con sus padres/abuelos. Son actividades tan pequeñas que absorben el dolor de las heridas de la vida dejándolo avanzar cómodamente al destino de su vida.

¿Alguna vez ha pospuesto esa bonita estrofa de poesía que se le ocurrió simplemente por llegar a tiempo a algún lugar? ¿Alguna vez ha silenciado ese sonido de la música que había empezado a reverberar en su voz simplemente porque no era el momento "adecuado"? Bueno, esos eran los momentos de la vida real; deseaba que desaparecieran para vivirlos más tarde, en el momento "adecuado", y luego se dio cuenta de que el poema y la letra se habían ido ya al mundo de los olvidados para no volver nunca más. ¡Eso es un trozo de vida muerto para siempre!

Oportunidades como estas son abundantes y llegan espontáneamente. Llaman bastante a menudo. Se trata de lo preparado que esté para cogerlas y beber de la dulce poción que presentan. La vida duele cuando no se aprovechan tales oportunidades, simplemente porque no se estaba preparado. Lleve consigo un bolígrafo y un cuaderno. Lleve consigo una cámara. Lleve consigo una grabadora de voz. Estas son las pequeñas cosas que puede llevar sin que le pesen, pero que pueden atrapar grandes momentos. Sí, la vida duele cuando deja que las oportunidades se esfumen. ¡Aproveche el momento!

Así como mantenemos alejados nuestros poemas y música, lo mismo hacemos con nuestra vida eterna. Una vida no vivida plenamente en su momento es una vida que ha perdido su eternidad. Un poema perdido es un poema que no se cuenta. Una canción perdida es una canción no cantada. ¿De qué otra forma impactaríamos a los demás si no es a través de ese poema y de la música? ¿Cómo serían nuestros seres queridos si hubieran escuchado nuestro poema y bailado con nuestra música? ¿Qué inspiración duradera les habría legado a sus seres queridos si hubieran escuchado su poema y bailado con su música?

Una vida eterna es aquella que continúa impactando a sus seres queridos y a otros durante años y años después de que se haya ido. Una vida eterna no depende de cuánto tiempo se viva, sino de cuánto se transforme para impactar positivamente con un legado duradero generación tras generación.

Una vida eterna es aquella que se vive plenamente en el momento presente. Es una que deja un legado libre de dolor y los salva de sus propias heridas.

El hecho de que su nacimiento requirió un esfuerzo de muchas personas y su educación un esfuerzo de una multitud aún más grande, simplemente significa que le debe su vida no solo a usted, sino a muchos otros, que se han ido, viven o están por venir. Viva su vida para que otros puedan vivir fácilmente. Siembre un camino para facilitarle el viaje a otros, porque usted ya lo ha creado. Esa es la esencia de la eternidad.

LIDIAR CON EL ESTRÉS Y LA PREOCUPACIÓN

El objetivo más importante de la práctica de la consciencia plena es lograr el bienestar mental y psicológico. Sin embargo, el estrés y la preocupación son característicos de la falta de estos.

La meditación es la herramienta más poderosa para lidiar con el estrés y las preocupaciones.

La meditación de la consciencia plena es genial para su:

- Bienestar mental.

- Bienestar psicológico.

Meditación con consciencia para su bienestar mental

La consciencia plena para su bienestar mental aumentará:

- Su capacidad de atención.

- Su poder cerebral.

La meditación de la consciencia plena despeja la mente de distracciones innecesarias

Su mente es un generador de pulsos aleatorios. Cada pulso es un pensamiento que sale y requiere atención. No puede detener este generador de pulso. Sin embargo, a través de la meditación, puede enfocar su atención lejos de sus pensamientos arrasadores. Esto permite que el poder de la mente se ocupe de lo que está dentro de su control: los acontecimientos del ahora.

La meditación de la consciencia plena para aumentar el poder del cerebro

Los físicos siempre dicen que el poder es la energía en acción; y el poder del cerebro no es una excepción. Para aumentar la potencia, como en los rayos de luz o la corriente eléctrica, necesita ser concentrada y enfocada hacia una dirección determinada. Esto funciona de la misma manera con el poder cerebral.

La meditación de consciencia plena o *mindfulness* ayuda a incrementar el poder del cerebro concentrando y enfocando su energía mental hacia un fin particular, ya sea experimentando su ser interior, estudiando, trabajando o de otra manera. Este poder cerebral, cuando se practica durante mucho tiempo, crece y es más duradero, mucho más allá del tiempo de meditación. Por lo tanto, este poder cerebral está disponible para ser utilizado para otras funciones.

Meditación a consciencia para su bienestar psicológico

La meditación de la consciencia plena es, en gran parte, un esfuerzo psicológico que tiene efectos en otras facultades de su bienestar.

El objetivo de la meditación de la consciencia plena para su bienestar psicológico es:

- Reajustar la mentalidad.
- Generar una actitud positive.
- Superar los malos hábitos.
- Reducir el estrés.

La consciencia plena para reajustar su mentalidad

La mentalidad es un conjunto de creencias, suposiciones y pensamientos que conforman la actitud, los hábitos, la inclinación o la disposición mental de una persona y que predeterminan sus percepciones y respuestas a situaciones, circunstancias y acontecimientos.

La mayoría de las veces nuestra mente está configurada de tal manera que nuestro proceso de pensamiento sigue ciertos patrones predefinidos, comúnmente conocidos como mapas mentales. Estos mapas mentales son creados por la tradición, la escuela y las experiencias que pertenecen del pasado, y suelen tener muy poco o nada que ver con el momento actual.

Así, para experimentar verdaderamente el presente, es decir, el momento de ahora, tiene que reajustar su mentalidad. El restablecimiento de la mentalidad es, en esencia, eliminar o más bien borrar esos patrones de pensamiento que provocan juicios basados en las normas del pasado.

¿Por qué es tan importante la mentalidad?

La mentalidad es sumamente importante porque es el punto de referencia al que se perciben y responden los acontecimientos, las circunstancias y la situación. La forma en que usted percibe las cosas depende de su mentalidad. Por eso muchos expertos dicen que usted "ve las cosas como usted es" y no necesariamente como son las cosas en sí mismas. Este "yo soy" es su forma de pensar.

La mente es el terreno fértil en el que crece la semilla de la imaginación. La salud y la grandeza de su imaginación dependen únicamente de su mentalidad. Una mentalidad defectuosa definitivamente producirá una imaginación defectuosa. Una mentalidad fija producirá una imaginación fija. Y, por lo tanto, una mentalidad de transformación (crecimiento) producirá una imaginación de transformación.

La consciencia para generar una actitud positiva

Comúnmente se dice que la actitud es impulso; eso es cierto. Su actitud determina su perspectiva en la vida, qué hacer y cómo hacerlo; también determina sus experiencias. Esto se debe a que su experiencia no es realmente lo que le sucedió, sino cómo respondió a ella. Esta respuesta, a menos que sea un reflejo, depende en gran medida de su pasado: su tradición, sus lecciones aprendidas y experiencias de situaciones similares, ya sea como le sucedió a usted o a otros y vio cómo respondieron.

La consciencia plena para superar los malos hábitos

Un hábito es un patrón de comportamiento recurrente (en su mayoría inconsciente) que se logra a través de la repetición frecuente.

La consciencia plena para reducir el estrés

El mayor contribuyente al estrés es la mentalidad, la actitud y los hábitos. Los arrepentimientos sobre el pasado y las preocupaciones sobre el futuro son algunas de las cosas que provocan estrés. La meditación de consciencia plena, a la vez que lo ayuda a centrarse en el presente, desvía su atención del pasado y del futuro, evitando así estos dos desencadenantes clave del estrés.

PROMOVER LA COMPASIÓN Y LA PAZ

La compasión puede ser simplemente declarada como un amor apasionado por la humanidad. La compasión es un sentimiento que surge cuando uno se enfrenta al sufrimiento de otro que lo empuja a tener una compulsión, fuerza o deseo interior de aliviar ese sufrimiento.

Los estudios han indicado que la compasión es una necesidad para la supervivencia de la especie humana.

Los beneficios de la compasión son muchos e inmensos. Los siguientes son solo algunos:

- La compasión nos hace sentir bien. Los estudios han descubierto que un acto de compasión desencadena la parte de "sentirse bien" de nuestro circuito cerebral responsable del placer y la recompensa, conduciendo así a la felicidad.

- Ser compasivo aumenta los efectos positivos del nervio vago, ayudando así a disminuir el ritmo cardíaco que, a largo plazo, reduce el riesgo de enfermedades cardíacas.

- La compasión reduce las hormonas del estrés en el sistema sanguíneo y en la saliva, lo que refuerza el sistema inmunológico y aumenta la resistencia al estrés.

- La compasión reduce la preocupación por el pasado y la ansiedad por el futuro, ayudando así a prevenir los riesgos de trastornos mentales.

- La compasión desencadena las neuronas en el cerebro que son responsables de la crianza de los padres, ayudando así a desarrollar y potenciar los atributos de cuidado, que son importantes en el desarrollo personal y el liderazgo.

- La compasión impulsa las relaciones, al generar optimismo y una comunicación de apoyo entre las partes.

- La compasión ayuda a construir fuertes lazos y amistades duraderas. Los estudios han demostrado que, cuando las personas se fijan una meta para apoyarse mutuamente de manera compasiva, experimentan una mayor satisfacción y crecimiento en sus esfuerzos comunes.

- La compasión ayuda a convertirnos en personas menos vengativas, celosas y egoístas.

- La compasión ayuda a fortalecer los principios morales, y eso contribuye a construir un equipo, grupo o sociedad cohesiva.

- Se ha demostrado que la compasión en el trabajo impulsa la productividad, reduce la rotación de empleados y maximiza la recompensa para todas las partes interesadas.

- Se ha demostrado también que las sociedades más compasivas tienen menos indigencia, menores tasas de delincuencia y, en general, más felicidad.

- La compasión hace que las personas sean socialmente más adeptas, menos vulnerables a la soledad, la ira y la depresión. Esto, a su vez, reduce el estrés, que causa daño al sistema inmunológico, lo que conduce a una vida más saludable, larga y feliz.

Los siguientes son algunos de los consejos que pueden ayudarle a construir y aumentar su compasión:

- Ver lo bueno en los demás: Todo el mundo tiene un lado positivo en la vida. Enfocarse demasiado en lo negativo aplaca el espíritu de compasión.

- Concentrarse en las similitudes en lugar de las diferencias: Todos somos diferentes. Esta es la esencia de la diversidad. Sin embargo, centrarse en lo que nos diferencia de lo que nos une disminuye la compasión.

- Calmar sus preocupaciones internas: No se puede ser compasivo si se está abrumado por las preocupaciones internas, la ansiedad y los arrepentimientos. La mejor manera de calmar las preocupaciones internas es a través de la consciencia plena y la meditación.

- Fomentar la cooperación en lugar de la competencia: La competencia despierta el instinto animal que intentará anular o incluso pisotear a los demás para lograr el éxito. Esto aplaca el deseo de compasión. Cuando cooperamos, vemos la importancia de los demás en nuestro esfuerzo conjunto y el deseo de ayudarlos para que todos tengamos éxito.

- Ver a las personas como seres en lugar de objetos: Cuando nos centramos tanto en el producto en lugar de en las personas que lo producen, terminamos viendo a las personas como objetos de producción en lugar de seres humanos con sentidos, sentimientos y emociones. Esto lo convierte en un ser menos compasivo.

- Evitar entrar en el juego de la culpa: No todos somos afortunados. Algunos son menos afortunados. Culpar a la gente por sus desgracias en lugar de ayudarlos a superarlas o aliviar las consecuencias le roba su capacidad de compasión.

- Ayudar a disminuir la desigualdad: La desigualdad se produce cuando algunos sienten que tienen derecho a un estatus más alto que el resto.

- Aprender a apreciar y disfrutar sus momentos de compasión: La mejor manera de reforzar su compasión es ver el bien que le ha hecho a los demás y apreciar el beneficio que han recibido en lugar de como han respondido a la compasión entregada. De esta manera, no se arrepentirá cuando algunos se comporten con ingratitud.

- Evita absorber el problema al ser compasivo: Es fácil absorber el problema del otro en actos de compasión. Ayude a los demás tanto como pueda, pero no más de lo que pueda, ya que puede agotar su energía, conducir a la fatiga y a más problemas de salud, reduciendo así su calidad de vida solo por la compasión hacia otros.

- Cultivar la compasión en los demás: Enséñeles a sus hijos, a su familia, a sus amigos y a su comunidad sobre la compasión. Esta es la mejor manera de difundir la bondad y de bajar la carga al ejercer la compasión.

Practicar la autocompasión

La autocompasión es ser lo suficientemente considerado como para entender que su mundo fluye desde el interior hacia el exterior. Lo que sale refleja lo que está dentro. La autocompasión no es egoísmo o negar a otros la compasión, sino darse cuenta de que, en última instancia, como ese vehículo que transporta a otros, usted tiene que estar bien internamente, así como si fuera el motor de un coche para hacer el viaje más seguro, agradable y alcanzable. Por lo tanto, la autocompasión es un tipo de compasión inversa.

Practicar la autocompasión es enamorarse de su ser. Es saber que, sin el amor propio puesto en práctica con acciones para aliviar sus propios desafíos y sufrimientos, no podrá lograr lo mismo para los demás. Tiene que empezar desde dentro, atender su propia herida con amor y entender sus fuentes y su final. Tiene que curar sus propias heridas. Solo entonces, será capaz de hacer lo mismo con los demás. Tener amor propio acompañado de fe en su ser es el verdadero bálsamo curativo cuando la vida duele.

El amor es el combustible que impulsa la compasión. Sin amor, la compasión no puede existir. Ser compasivo es expresar el amor en hechos. No hay manera de que pueda amar a los demás sin amarte a si mismo primero. Todo lo demás será fingido. El amor irradia desde el interior hacia el exterior. Sin que esté dentro, no puede estar fuera.

Cuando se trata de amor y compasión, solo puede recibir tanto como entregue. Por lo tanto, si tiene que amarse a usted mismo, tiene que amar a los demás con cariño, porque es en el amor a los demás donde se es capaz de amarse a uno mismo, y no al revés. Por lo tanto, la autocompasión debe, para su propia supervivencia, externalizarse en la compasión por los demás. De allí es de donde sacará su fuerza muscular y su aptitud.

La autocompasión, la ira, el remordimiento, la amargura son todas las heridas de la vida sintomáticas de dolor por algo ocurrido en el pasado. Son signos de falta de felicidad. No es que no se pueda ser feliz sintiendo dolor, pero el dolor no debe degenerar en autocompasión, ira, remordimiento y amargura. Usted debe ser dueño de su dolor. Poseerlo es aceptar que lo que sucedió es irreversible y que tuvo sus propias consecuencias, las cuales está experimentando en este momento. Tiene que desprenderse de esa sensibilidad y experimentar el dolor como lo que realmente es: un grito de sanación. Concéntrese en sanarse.

Sea bueno consigo mismo

A veces, la vida es dura. La aceptación del dolor sin reaccionar a él aumenta la inteligencia emocional. Dese una caricia por 10 minutos al día con una palabra suave, una mano en el corazón, y un nivel de comprensión del dolor que está pasando. Usted es humano, y como humano, experimentará dolor y sufrimiento. Si trata de evitar esta experiencia emocional a través de comportamientos de evasión, como las drogas o el alcohol, sufrirá aún más.

Cómo impactar en la vida de las personas por muchos años después de habernos ido

Impactar eternamente a la gente nunca es una aventura fácil. Implica mucho. Los siguientes pasos nos ayudarán a impactar en la vida de las personas durante muchos años después de habernos ido:

1. **Explorar a las personas**: Al explorar a la gente, tomamos una decisión activa para conocerlas. Esto implica explorar la cultura, el estilo de vida, la mentalidad, los hábitos, las actitudes y similares.

2. **Aprender sobre ellas:** Al aprender sobre la gente, se evalúa el resultado de la exploración, y se hace un análisis más profundo de resultado del y se sacan conclusiones.

3. **Entenderlas**: Entender a la gente es comprender las lecciones aprendidas al aprender sobre ellos.

4. **Aceptarlas**: Al aceptar a la gente, se la quiere como es (basado en la comprensión) sin repartir juicios, opiniones, sesgos y prejuicios.

5. **Apreciarlas:** Apreciar a las personas es aceptarlas y saber que en ellas yace un bien superior para la humanidad.

6. **Educarlas:** Entender, aceptar y apreciar a la gente no se trata de rendirse a su estado de ser. Se trata de llegar su mejor versión. Una vez allí, se busca, a través de la educación, ayudarlos a avanzar para el bien de la humanidad. Hay un proverbio chino que dice: *"Si quiere planificar una temporada, plante arroz; si quiere planificar una década, plante árboles; si planifica para toda la vida, eduque a la gente"*.

7. **Alzarlas:** Una vez que se educa a la gente, se iluminan. Aumentan la autoconsciencia y consciencia del medio ambiente y de su papel; comprenden más sobre la naturaleza de los seres y la naturaleza de las cosas. Elevarlos es darles los recursos necesarios para que puedan alcanzar un nivel más alto de su mejor versión.

8. **Inspirarlas:** Una vez que ayudamos a las personas a elevarse, necesitan ser autopropulsadas para continuar subiendo la escalera de la grandeza. Necesitan extraer esa energía interna inherente a ellos para lograrlo. La falta de motivación o de fuerza de voluntad puede impedir que lo logren. Inspirarlas es encender esta fuerza de voluntad en ellos para atraer esa energía inherente para que puedan motivarse a sí mismos a llegar a pedestales más altos.

SEIS HÁBITOS QUE CULTIVAR

La consciencia se logra a través de los hábitos. Los siguientes hábitos son clave y debe cultivarlos si quiere aumentar su consciencia plena:

1. Hábitos de aprendizaje.
2. Hábitos sociales y de comunicación.
3. Hábitos espirituales.
4. Hábitos de cuidado personal.
5. Hábitos de alimentación y de ejercicio físico.
6. Hábitos de descanso y relajación.

Hábitos de aprendizaje

Como Mahatma Gandhi dijo una vez: *"Viva como si fuera a morir mañana y aprenda como si fuera a vivir para siempre"*, el aprendizaje es eterno. Esto también se enfatiza en las enseñanzas de Buda, cuando afirma que el aprendizaje es la mayor fuente de iluminación y que es la única forma posible de superar el sufrimiento. Al rey Salomón del Antiguo Testamento se le atribuye el haber pedido a Dios nada más que sabiduría. La sabiduría es la inteligencia obtenida a través de la experiencia de aprendizaje.

El aprendizaje es el proceso de reunir conocimientos. Se puede lograr de muchas maneras, incluyendo, observando, mirando, escuchando, leyendo, explorando, entre otras. Leer, escuchar y experimentar son algunas de las mejores formas de aprender.

Para mejorar los hábitos de aprendizaje:

- Escuche con atención antes de responder.
- Ábrase a nuevas experiencias.

Hábitos sociales y de comunicación

Los humanos son seres sociales. Sin socializar, luchamos por vivir. Sin embargo, la mayor víctima de nuestra modernidad es la socialización. La tecnología de la conveniencia ha sustituido la mayoría de nuestras interacciones físicas por interacciones electrónicas. Encontramos amigos en Facebook y otras redes sociales. Chateamos a través de WhatsApp, Skype, Hangouts, Twitter y otras redes. Vamos a la escuela a través de E-learning y trabajamos desde casa. Las vías para las interacciones sociales se están reduciendo activamente y aumenta la disminución de la importancia de los hábitos sociales y de comunicación en nuestra carrera académica y profesional.

Sin embargo, el número de personas que piden a gritos relaciones genuinas y duraderas sigue aumentando. Las amistades que solían ser naturales se están volviendo raras. Los males sociales como el suicidio, el terrorismo y otros están en aumento. Esto es simplemente porque nuestros hábitos sociales están en su lecho de muerte. Aunque los estudios continúan afirmando que hay varias formas de inteligencia y hay un mayor reconocimiento de la inteligencia social y emocional como la competencia principal de un ser humano bien formado, hay poco esfuerzo para revigorizar la importancia de los hábitos sociales.

En caso de que no le hayan enseñado estos hábitos sociales, los recapitulamos aquí. Estos son solo unos pocos hábitos relacionados con los compromisos sociales y de relaciones cotidianas: saludos y comunicación.

Para mejorar los hábitos sociales y de comunicación

- Siempre de la mano cálidamente con una sonrisa.
- Sea cortés cuando se dirija a la gente.

Hábitos espirituales

Algunos argumentan que somos seres físicos con un dominio espiritual, mientras que otros afirman que somos seres espirituales con un dominio físico. En cualquier caso, el papel de la espiritualidad en nosotros no puede ser pasado por alto. Sin embargo, hay muchas definiciones e interpretaciones de lo que significa ser espiritual o la espiritualidad. Podemos simplemente mirar a un espíritu como esa parte de nuestro ser invisible que trasciende el mundo físico. La espiritualidad es estar por encima de uno mismo y de sus limitaciones.

Hay muchos hábitos que ayudan a fortalecer la espiritualidad y ayudan a vivir una vida feliz y satisfactoria. Los siguientes son solo algunos:

- Diga lo que piensa.
- Rece y/o medite frecuentemente.
- Dese mucho tiempo.
- No se altere por cosas que no importarán mañana.

Hábitos de cuidado personal

La higiene está al lado de la piedad. La higiene no es solo la limpieza externa del cuerpo,; también se trata de la limpieza interna de su cuerpo, mente y alma. Su perspectiva es el espejo perfecto de su limpieza. Siempre busque sentirse bien con su perspectiva.

Hábitos de alimentación y de ejercicio

Hábitos alimenticios

No hay nada más sagrado que una buena alimentación. Su cuerpo y su bienestar dependen de su alimentación. Estudios afirman que más del 70% de las enfermedades están directa o indirectamente relacionadas con la alimentación. La alimentación es la fuente de su energía, vitalidad y longevidad. La alimentación es lo que lo hace vivir y estar vivo ahora mismo. No es de extrañar que en la historia bíblica de la creación que al primer hombre y la primera mujer se le hayan otorgado abundancia de alimentos para recogerlos y alimentarse. Aún en la Tierra Prometida, la leche y la miel eran la promesa emblemática. Si hay algo más sagrado que cualquier otra cosa, eso es su alimentación. Préstele atención tan religiosamente como a cualquier otra cosa y tómela como algo sagrado, porque su salud y bienestar depende de ella; es su mundo. ¡No viva de manera fraudulenta!

Tener una buena alimentación no se trata solo de alimentarse; es hacer un esfuerzo a largo plazo, deliberado y sostenido por nutrir su cuerpo con los elementos esenciales clave para vivir una vida sana y feliz. ¡Los hábitos alimenticios cuentan! Son los elementos religiosos invisibles de su menú. Observe los siguientes 9 hábitos de una buena alimentación y lo hará exitosamente.

- Beber suficiente agua.
- Tomar un multivitamínico.

- Llevar un diario de comidas que incluya no solo lo que comió, sino también por qué y cómo se sintió después.

- Tener a mano frutas y verduras entre comidas.

- Cocinar con un nuevo ingrediente cada semana.

- Hacer una lista de alimentos no saludables que no le gusten y darse permiso para no comerlos.

- Limitar las bebidas alcohólicas a los momentos en que realmente las disfrute.

- Eliminar el azúcar malo.

- Dejar las gaseosas y los edulcorantes artificiales.

- Caminar 10.000 pasos al día.

- Estirar todos los días.

- Moverse cada una hora.

Hábitos de descanso y relajación

El descanso es uno de los momentos más importantes para el cuerpo. Desafortunadamente, es uno de esos momentos a los que apenas se le asigna tiempo. Mucha gente solo cuenta el descanso como el sueño a la hora de dormir forzados por la naturaleza o la falta de oportunidades de trabajo nocturno. Lo ideal es que su cuerpo descanse por lo menos 3/5 de su día de 24 horas incluyendo 8 horas de sueño de calidad sin interrupciones. Planificar el descanso y disfrutar de un buen sueño son los elementos clave de unos buenos hábitos de descanso y relajación.

- Planifique su descanso y relajación como lo haría con sus otras actividades importantes.
- Duerma lo suficiente.

Con estos 6 hábitos clave, estará en camino de asegurarse una consciencia plena sostenible a largo plazo.

CONCLUSIÓN

Gracias por adquirir y leer este libro.

Este libro lo introduce en la consciencia plena. Además, le muestra que puede practicar la consciencia plena para recuperar la concentración, gestionar la ira y el dolor, manejar el estrés y la preocupación y, en última instancia, promover la compasión y la paz. También ha recibido información sobre seis poderosos hábitos que necesita cultivar para practicar con éxito la consciencia plena en su día a día.

Espero sinceramente que haya podido aprender lo que es la consciencia plena y, lo que es más importante, que se haya embarcado en su práctica. También es mi sincero deseo que pueda compartir con otros este pequeño libro de conocimiento sobre la consciencia plena para que ellos también se beneficien de ella.

De nuevo, gracias por adquirir y leer este libro.

Buena suerte.

www.ingramcontent.com/pod-product-compliance
Lightning Source LLC
Chambersburg PA
CBHW071539080526
44588CB00011B/1730